30일간의 글씨 연습

이해수 지음

악필 교정, 누구나 글씨를 잘 쓸 수 있다!

30일간의 글씨 연습

좋은날들

■ 머리말

글씨 교정은
연습의 양보다 방법이 중요하다

글씨는 곧 그 사람입니다.

글씨에도 외모가 있고 선입견이 있습니다. 첫 만남에서 상대의 인상이 좋고 싫음을 가르듯이 잘 쓴 글씨는 그것만으로도 좋은 느낌을 줍니다.

살다 보면 손글씨의 힘을 빌려야 할 순간들이 적지 않지요. 논술 시험이나 직접 쓴 소개서가 필요할 때가 그렇고, 소중한 사람에게 전하는 메모 한 줄이 또 그렇습니다. 연애편지도 그중 하나일 것입니다. 마음을 담아 몇 번을 고쳐 썼건만 비뚤비뚤한 글씨 때문에 사랑마저 비뚤게 읽힌다면 참 아쉬울 듯합니다.

그런 면에서 반듯한 글씨는 평생을 함께할 선물이라고 할 수 있습니다.

무조건 많이 쓴다고 글씨가 좋아지지는 않는다

그런데 악필인 글씨를 고치겠다며 펜글씨 교본만 죽어라 따라 쓰는 것은 결코 좋은 방법이 아닙니다. 따라 쓸 때만 조금 그럴듯해질 뿐 시간이 지나면 원래의 악필, 즉 '내가 썼지만 나도 잘 몰라보는' 상태로 되돌아가기 십상입니다.

글씨 연습은 양보다 방법이 중요합니다. 그래야 글씨가 바로잡힙니다. 펜을 잡는 바른 자세와 도구를 무시해서도 안 됩니다. 흔히 악필 교정에는 연필이 가장 좋다고들 하지요?

엄밀히 말하자면 연필보다 종이로 감은 색연필이 더 잘 써지기는 하지만, 어른이라면 이 두 가지 필기구는 정답이 아닙니다. 게다가 볼펜으로 하는 글씨 연습은 시간 낭비에 가깝고, 만년필도 초보자에게는 권하기 어렵습니다.

큰 글씨를 초속 1cm의 속도로 써보기

이 책은 글씨 연습과 실전에 가장 좋은 필기구 선택법 등을 비롯해 글씨 교정에 꼭 필요한 요령을 알기 쉽게 설명하고자 합니다. 예를 들어 평소에 쓰는 글씨보다 두세 배 정도의 크기로, 아주 천천히 써보는 연습도 그중 하나입니다.

고려 시대에 팔만대장경을 만들며 우리 선조들은 경판의 글자 하나를 새길 때마다 절을 한 번씩 했다고 하지요. 물론 그 정도까지의 정성은 아니지만, 이 책의 초반부에서는 '초속 1cm'의 속도로 기본 서체를 따라 써보도록 구성하고 있습니다.

일반적으로 좋은 글씨의 3가지 요소는 반듯하게 곧은 선, 글자의 조화, 개성 있는 글씨체라고 할 수 있는데, 이를 익히기 위한 기본 과정으로서 큰 글씨로 아주 천천히 쓰는 연습을 하는 것입니다. 글씨가 좋아지면 속도는 자연히 붙습니다. 답답하더라도 일단은 인내심을 놓지 말아야 합니다.

십 년, 이십 년을 함께해온 글씨가 하루아침에 바뀔 리는 없습니다. 하지만 올바른 방법을 알고 꾸준히 연습한다면 글씨는 하루가 다르게 좋아질 것입니다. 이 책의 마지막 과정은 '마음을 전하는 손글씨' 연습입니다. 책을 덮을 즈음, 달라진 글씨로 누군가에게 그 마음을 전해보기 바랍니다.

이 해 수

■ **차례**

머리말 | 글씨 교정은 연습의 양보다 방법이 중요하다

part 1 글씨를 잘 쓰기 위한 4가지 법칙

day 01 글자 모양을 의식하면서 쓴다 · 010
　　　　바른 자세가 손을 자유롭게 한다 · 012
　　　　글씨 연습에 좋은 펜은 따로 있다 · 016
　　　　리듬이 있는 글씨가 아름답다 · 020

part 2 선 긋기부터 시작하는 글자 유형 연습

day 02 글씨 연습의 기본 스트레칭, 선 긋기 · 026
day 03 한글의 4가지 글꼴 익히기 · 030
day 04 큰 글씨 경사체 따라 쓰기 – 가로 모음 연습 · 034
day 05 세로 모음 연습 · 038
day 06 ㄱ ㄴ ㄷ ㄹ 연습 · 041
day 07 ㅁ ㅂ ㅇ ㅎ 연습 · 044
day 08 ㅅ ㅈ ㅊ 연습 · 046
day 09 ㅋ ㅌ ㅍ 연습 · 048
day 10 쌍자음과 겹받침 연습 · 050
day 11 이중모음 연습 · 052
　▶ 이런 글씨는 이렇게 고쳐요! · 054

part 3 정자체 연습과 글자의 리듬감 익히기

- day 12 조화롭고 리듬감 있는 글씨를 쓰려면 · 060
- day 13 정자체로 단어 따라 쓰기 · 064
- day 14 정자체 단어 연습 1 – 힘을 주는 말 · 068
- day 15 정자체 단어 연습 2 – 일상용어 · 071
- day 16 정자체 단어 연습 3 – 사무용어 · 074
- day 17 정자체 단어 연습 4 – 나를 일깨우는 말 · 077
- day 18 정자체로 문장 따라 쓰기 · 080
- day 19 정자체 문장 연습 1 – 인생 명언 1 · 083
- day 20 정자체 문장 연습 2 – 인생 명언 2 · 087
- day 21 정자체 기울여 쓰기 연습 1 · 090
- day 22 정자체 기울여 쓰기 연습 2 · 096
- day 23 정자체 기울여 쓰기 연습 3 · 100
- day 24 필사 연습 – 김소월의 진달래꽃, 윤동주의 서시 · 104
- day 25 반흘림체와 아라비아숫자 연습 · 108
- day 26 자주 쓰는 한자 연습 · 112

part 4 바로 써먹는 실전 글씨 연습

- day 27 마음을 전하는 손글씨 쓰기 · 118
- day 28 실전 글씨 쓰기 연습 1 · 122
- day 29 실전 글씨 쓰기 연습 2 · 125
- day 30 필의, 마음을 담은 글씨 쓰기 · 128
- ▶ 내게 어울리는 글씨 찾기 · 132

글씨가 좋아지려면 획이 반듯하고
글자 모양이 좋아야 하는 게 그 첫 번째입니다.
펜을 쥐는 자세와 펜의 특성에 대해서도 알아야 하지요.
그런 후에 글자의 리듬감을 살리면 글씨는 눈에 띄게 달라집니다.

part 1
글씨를 잘 쓰기 위한 4가지 법칙

day 01

글자 모양을
의식하면서 쓴다

모든 글자는 선으로 이루어집니다. 따라서 글씨를 잘 쓰려면 무엇보다 선의 질이 좋아야 합니다. 글자 모양이나 조화는 그다음이지요. 선을 반듯하게 그을 수 있으면 그것만으로도 글씨는 웬만큼 쓸 수 있습니다.

글씨를 잘 쓰는 사람들에게는 대개 다음 두 가지의 특징이 있습니다.

1. 선이 반듯하고 안정되어 있다.
2. 글자의 모양이 좋다.

글자 모양이 좋다는 것은, 보기 좋은 글자에 대한 이미지를 알고 있고 손에 익었다는 의미이기도 합니다. 그 이미지 그대로, 즉 마음먹은 대로 선이 반듯하게 그어지니까 글씨가 좋아 보이는 법입니다. 한편 악필인 사람들의 글씨는 글자 모양과는 별개로 선이 비뚤어지거나 흔들리는 경우가 많습니다. 글씨를 예쁘게 쓰고 싶어도 선부터가 마음처럼 똑바로 그어지지 않습니다.

요컨대 글자 모양과 선의 질, 이를 의식적으로 고치려고 하지 않는 한 펜글씨 교본을 몇 권이나 썼다고 한들 효과를 기대하기는 어렵습니다.

그런데 어떻게 하면 글자의 선과 모양이 좋아질까요? 이와 관련해 아래의 두 글씨를 비교해 보겠습니다. 글씨를 잘 못 쓰는 사람이 거의 동시에 쓴 단어입니다.

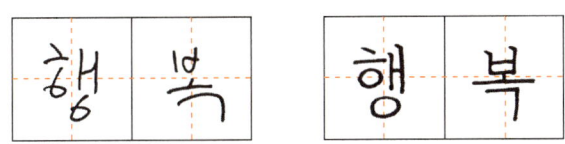

오른쪽 글씨가 훨씬 나아 보입니다. 왜 이런 차이가 생길까요? 실은 왼쪽 글씨는 평소에 쓰던 대로 써보라고 한 것이고, 오른쪽은 한 가지 요령을 알려준 다음에 써보게 했습니다. 그 요령이란 바로 이것입니다.

"붓글씨를 쓰듯이 모양을 의식하며 천천히 쓸 것"

평소와는 달리 정성을 다해 쓰니까 이 정도로 글씨가 좋아지는 것은 당연할까요? 만약 그렇다면 글씨가 좋아지는 비결 또한 여기에 있습니다.

모양을 생각하라는 것은 글자를 도형으로 의식하며 쓰라는 의미입니다. 그래야 모양이 좋아지고 머릿속 이미지로도 잘 남아 손에 익습니다.

그리고 큰 글씨로 천천히 쓰는 연습은 글자 모양을 익히는 동시에 선의 질을 좋게 하는 방편이 됩니다. 머리말에서 '초속 1cm'를 언급했습니다만, 꼭 이 속도에 맞추라는 것은 아닙니다. 글씨를 잘 쓰려면 좋은 글씨를 의식하면서 천천히 쓰는 연습이 중요합니다. 그러면 붓글씨를 쓰듯이 한번 써보겠습니다.

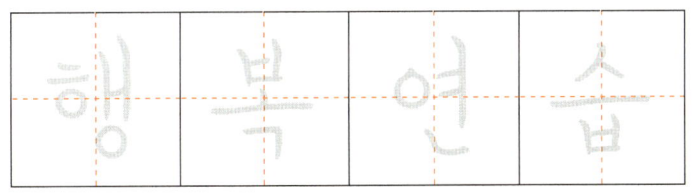

바른 자세가
손을 자유롭게 한다

명필은 붓을 탓하지 않는다는 말이 있습니다. 이는 서예의 대가들이 붓을 가리지 않고 글씨를 썼다는 게 아니라, 어떤 붓으로 쓰더라도 그 붓의 특성을 살려 뛰어난 글씨를 남기는 경지에 이르렀다는 의미일 것입니다. 오히려 대가일수록 붓에 집착합니다. 그리고 또 한 가지, 바른 자세를 강조합니다.

하물며 글씨를 못 쓰니까, 즉 악필이니까 잘못된 자세부터 바로잡아야 하고 붓(필기구)도 가려 써야 합니다. '무조건 많이 써보면 되지, 그렇게까지 할 필요 있겠어?'라며 자세와 도구의 효과에 의문을 가질지도 모르겠습니다. 만약 본인이 어지간한 악필이라면 아래 사항에 주의해 글씨를 써보기 바랍니다.

1. 엄지와 검지로 펜을 '쥐는' 게 아니라, 가볍게 '집듯이' 잡는다.
2. 손바닥 옆을 바닥에 고정한 채 손가락 힘으로 쓴다.

이 두 가지만 주의해 쓰더라도 글씨가 이전보다 부드러워진 느낌을 받을 것입니다. 펜은 가볍게 잡아야 합니다. 손바닥 옆 부분을 바닥에 대고 가로획은 엄지의 힘으로, 세로획은 검지의 힘으로 가볍게 긋습니다. 이때 중지는 펜을 받치는 역할을 합니다. 그리고 손목을 고정한 상태에서 새끼손가락의 안정감을 살짝 높이면 글자 모양을 의도대로 가져가는 데에 도움이 됩니다.

　펜을 힘주어 잡지 않고 '가볍게 집듯이' 잡는 느낌을 내 것으로 만들지 못하면 기대한 만큼 필체가 나아지기 어렵습니다. 이는 집필법에서 글씨를 잘 쓰는 사람과 못 쓰는 사람의 가장 두드러진 차이이기도 합니다. 특히 평소에 글씨를 쓸 때나 3장 이후 작은 글씨 연습에서 꾹꾹 눌러서 쓰지 않고(초반부 큰 글씨 연습에서는 조금 힘이 들어가도 좋습니다.), 가볍게 쥐고 가벼운 필치로 쓴다는 점을 꼭 기억하기 바랍니다.

펜의 기울기는 65~70도 정도, 펜 끝에서 2.5cm 정도 위를 잡는다. 펜을 너무 짧게 세워서 잡으면 손놀림이 둔해 글씨가 울퉁불퉁해지고 손이 쉽게 지쳐 오래 쓰기도 힘들다.
손바닥을 바닥에 고정하고 손가락 힘, 즉 엄지와 검지로 펜을 움직여 쓴다.

엄지와 검지로 펜을 가볍게 집듯이 잡고, 중지로 받친다. 밑에서 봤을 때 삼각형(△) 모양이 나와야 한다.

펜을 바르게 잡는 법

초등학생 아이의 연필 잡는 법을 바로잡아줄 때는 '삼각연필'을 준비하는 것도 하나의 요령입니다. 참고로 성인의 글씨가 '이건 도저히 어른의 글씨가 아니야!'라고 할 정도로 심각하다면 색연필로 정자체 큰 글씨 쓰기 연습을 하면 많은 도움이 됩니다. 초등학생 혹은 겨우 판독이 가능한 수준이라면 연필(4B 연필이나 2B 연필) 연습이 좋고요. 다만, 색연필은 일상에서는 거의 쓰지 않으므로 다음 항목(16p)에서 추천하는 펜을 우선해 써보기 바랍니다.

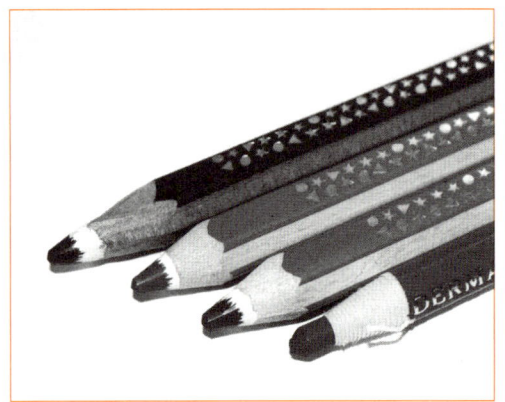 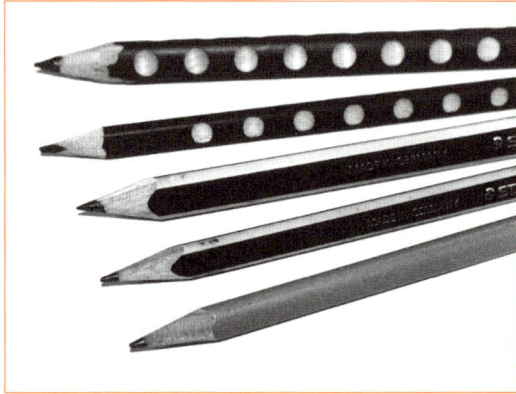

색연필과 삼각연필. 색연필은 심각한 악필 교정에 효과적이고, 삼각연필은 몸통이 삼각형이라서 연필을 잡을 때 더욱 안정적이다.(견본은 리라 그루브, 스테들러, 동아연필)

펜을 쥔 손가락에 힘이 들어가면 선 모양이 매끄럽지 못해 글자가 딱딱해 보입니다. 게다가 손이 쉽게 지치고 글씨 속도도 느립니다. 펜을 지나치게 세워서 잡아도 글씨 모양이 딱딱해지고 선이 비뚤어지기 쉽습니다.

이중 악필에게 가장 어려운 점은 펜을 '가볍게 집듯이' 잡는 느낌일 것 같습니다. 세상 무슨 일이든 느낌을 내 것으로 만든다는 게 참 쉽지 않지요.

펜을 가볍게 쥐는 게 잘 안 된다면 오른쪽 집필법을 한번 따라 해보기 바랍니다. 엄지와 중지로 먼저 펜을 잡고, 다음으로 검지를 펜에 올리는 방법입니다. 이렇게 하면 펜

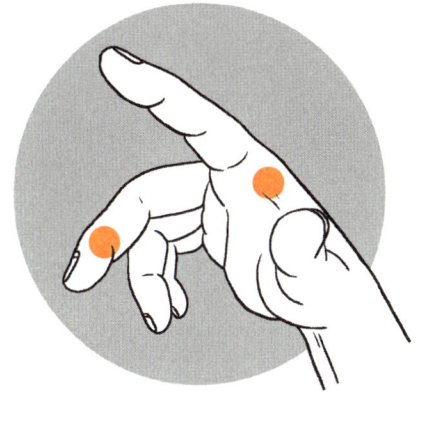

1. 중지의 첫 관절과 검지의 뿌리 부분에 펜을 올리고 엄지로 펜을 고정한다.

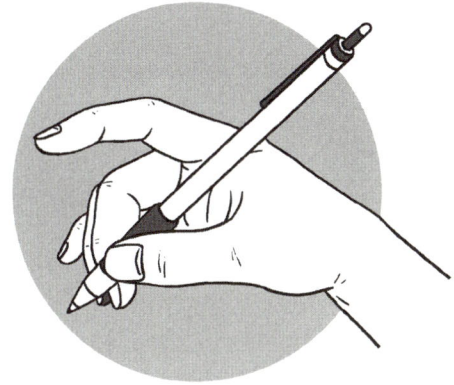

2. 검지를 펜 위에 가볍게 올려서 펜을 쥔다.

손놀림이 한결 가벼워질 것입니다.

글씨 연습을 할 때는 허리를 바로 세우는 게 좋습니다. 허리를 세워 글자를 조금 떨어진 위치에서 보아야 글자와 문장 전체의 균형을 맞추는 데 유리하기 때문인데, 실은 이보다 중요한 이유가 있습니다. 바로 마음의 안정입니다.

긴장되거나 숨이 찬 상태에서 글씨가 잘 쓰이지 않았던 경험이 있을 것입니다. 글씨 연습을 위해서는 차분하게 쓸 수 있는 환경과 시간대를 골라야 합니다. 하루에 짧은 시간을 쓰더라도 이게 효과가 낫습니다. 그렇게 글씨에 집중할 환경이 갖춰졌다면, 자세를 바로 한 다음에 펜을 듭니다. 그래야 연습다운 연습이 됩니다.

글씨 연습에 좋은 펜은 따로 있다

초등학교에서는 왜 연필 글씨를 권장할까요? 바로 연필로 썼을 때 글씨가 가장 잘 써지기 때문입니다. 연필심은 종이와의 마찰력이 커서 쓰기가 수월합니다. 그에 비해 샤프펜슬은 심이 약해 글자를 또박또박 쓰기 어렵고, 볼펜은 미끄러워서 반듯한 선 긋기에 좋지 않습니다.

하지만 그처럼 잘 써지는 연필이라도 어른에게는 권하기 어렵습니다. 글자가 흐릿해서입니다. 글씨를 잘 쓰는 사람들은 '선이 반듯하고, 글자 모양이 좋다'고 앞에서 언급했지요. 좋은 글씨의 이미지를 눈과 손으로 익히는 데에 흐릿한 연필은 제격이 아닌 것입니다. 볼펜은 심이 미끄러워서 어른에게도 좋지 않을 것이고, 잉크에 찍어 쓰는 펜이라면 대안이 될까요? 아쉽게도 잉크 펜이나 만년필은 멋진 글씨를 연출할 수는 있어도 웬만큼 글씨와 펜에 능숙해진 다음에야 유용한 필기구입니다. 펜을 잡고 길을 들이는 데만도 많은 노력이 필요합니다.

그러면 글자가 뚜렷하고 마찰력도 어느 정도 있어서 잘 써지는 펜에는 무엇이 있을까요? 바로 플러스펜(수성펜)과 중성펜입니다. 이 두 가지가 초보자의 글씨 교정과 연습에는 가장 좋다고 할 수 있습니다.

유성볼펜과 수성펜, 중성펜의 차이에 대해 잘 모르는 사람이 더러 있는데, 가장 큰 차이는 바로 사용되는 잉크입니다.

　유성 잉크는 기름 성질이 있다는 것이지요. 잉크의 점도가 높고 종이 표면을 페인트처럼 칠하는 원리라서 어느 정도 필압이 있어야 합니다. 오래 쓰다 보면 잉크 찌꺼기가 생기기 쉽지만, 물에 번지지 않고 펜 뚜껑을 닫을 필요도 없습니다. 모나미 153 볼펜이 대표적이라고 할 수 있습니다.

　그에 비해 수성 잉크는 물의 성질이 있어서 잉크가 종이에 스며들게 됩니다. 부드럽게 써지고 글자가 선명해 큰 글씨 연습이나 펜을 가볍고 쥐고 쓰는 연습에 제격이지만, 번짐이 생기기 쉽고 유성볼펜보다 빨리 닳아 경제성도 떨어집니다. 만년필 잉크나 플러스펜을 떠올리면 됩니다.

　그리고 유성 잉크와 수성 잉크의 장점을 취하고 단점을 보완한 것이 중성펜입니다. 젤러펜이라고도 하는데, 젤 형태의 잉크를 사용해 번짐이 거의 없는 데다가 선명하면서도 부드럽게 써지는 편입니다. 잉크 찌꺼기도 없어 많이들 쓰고 있습니다.

　펜을 고를 때는 잉크뿐 아니라 볼의 구경에도 관심을 가져야 합니다. 중성펜은 유성 잉크보다 수성의 성질이 강하므로 똑같은 볼 직경이라도 선이 두껍게 나옵니다. 즉, 중성펜 0.7mm는 유성볼펜 1mm와 글자 두께가 비슷합니다.

부드러운 필기감의 유성볼펜 (모나미 153 0.7mm)

글씨가 선명한 수성펜 (모나미 플러스펜 3000)

글씨가 선명하고 부드러운 중성펜 (제브라 사라사 0.7mm)

이처럼 필기구마다 나름의 특징이 있는데, 아래 두 가지 사항에 유의해 필기 목적에 맞고 또 본인이 선호하는 펜을 고르면 됩니다.

1. 유성볼펜은 부드럽게 써지고, 중성펜은 선명한 글씨가 장점이다.
2. 중성펜 0.7mm는 유성볼펜 1mm와 선 두께가 같다.

최근에는 유성 잉크를 사용하는데도 중성펜에 견줄 만큼의 선명도와 뛰어난 필기감을 주는 펜도 있습니다. 펜 그립감도 전반적으로 좋아졌지요. 잉크 기술이 발전한 덕분에 0.2mm까지 아주 가늘게 나오는 중성펜도 있고, 글씨가 마치 인쇄한 듯한 느낌을 주는 펜도 있습니다.

펜을 고르는 요령은 필기의 목적에 따라 달라져야 합니다. 단순 필기라면 글씨를 그리 크게 쓰지 않으므로 선이 비교적 가늘게 나오는 유성볼펜 0.7mm 이하 혹은 중성펜 0.5mm 정도가 좋을 것입니다.

중성펜

동아 유노크 0.7mm 입니다.
에너겔 메탈포인트 0.7mm 입니다.
제브라 사라사 0.5mm 입니다.

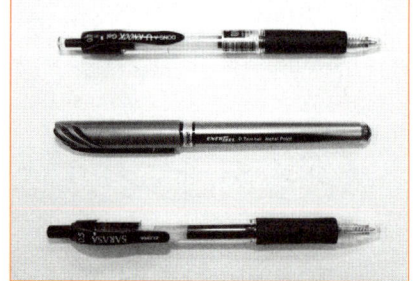

유성펜

동아 애니볼 1.0mm 입니다.
제트 스트림 0.7mm 입니다.
제트 스트림 0.38mm 입니다.

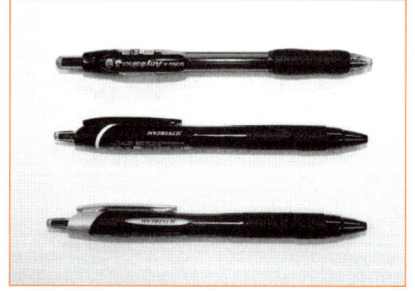

논술 시험처럼 빠르게 써야 하는 경우라면 부드러운 필기감을 우선해야겠지요. 참고로, 고시 수험생을 대상으로 한 어느 앙케트에 따르면 가장 선호하는 펜은 제트스트림 0.7mm이고 에너겔 메탈포인트, 제브라 사라사 등이 그 뒤를 이었다고 합니다.

그런데 이들 펜은 글씨 연습을 하거나 악필을 교정하기에도 괜찮을까요? 그것은 연습 단계에 따라 다릅니다.

글씨 연습 초기에는 '큰 글씨로 아주 천천히 써야' 한다고 했습니다. 이때는 색이 선명하고 잘 미끄러지지 않는 펜이 좋습니다. 플러스펜과 중성펜이 여기에 해당합니다.

다만 중성펜은 플러스펜보다 필기감이 더 미끄럽고, 플러스펜은 작은 글씨에는 알맞지 않습니다. 따라서 악필 교정 초기에 큰 글씨로 연습할 때는 플러스펜, 이후 좀 더 작은 글씨로 넘어갈 때는 중성펜이 좋습니다.

플러스펜은 수성잉크를 사용하는데, 닙(펜의 끝부분)이 발포 소재로 되어있어 펜이 미끄러지지 않는 편입니다. 수성잉크라서 선명하다는 장점도 있지요. 이후 큰 글씨 연습 단계를 지나면 그때부터는 중성펜 0.5~0.7mm가 좋습니다.

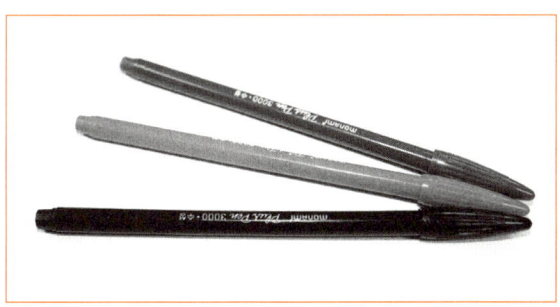

모나미 플러스펜 3000

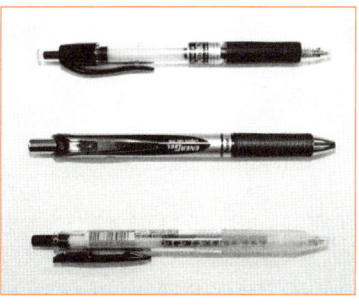

중성펜 0.5~0.7mm

리듬이 있는 글씨가 아름답다

누가 보기에도 좋은 글씨의 세 가지 요소는 대개 이렇습니다.

1. 반듯하고 깔끔한 선
2. 글자의 조화와 균형
3. 개성 있는 글씨체

좋은 글씨를 익히려면 처음에는 크게 쓰다가 차츰 작은 글씨로 넘어가는 게 좋습니다. 그러한 과정을 통해 반듯한 선 연습을 하고, 글자의 모양새나 조화를 익히는 것이지요. 그러면 마지막의 '개성 있는 글씨체'에는 어떤 연습이 필요할까요?

사실 글씨를 잘 쓰는 연습, 즉 악필 교정 초기 단계에서는 '개성'을 잠시 접어두어야 합니다. 잘 쓴 글씨를 따라 쓰면서 선 긋기와 글자의 균형감 훈련이 충분히 이루어진 다음에 나만의 필체를 찾아가는 게 순서라는 말입니다.

최근에 캘리그라피가 큰 인기를 끌고 있습니다. 캘리그라피의 사전적 뜻은 '손으로 그린 그림 문자'인데, 쉽게 말해 '손글씨 + 그림'의 개념입니다. 개성과 감성이 중요시되는 한편으로 서예와 마찬가지로 어디까지나 예술의 영역에 가깝습니다. 캘리그라피

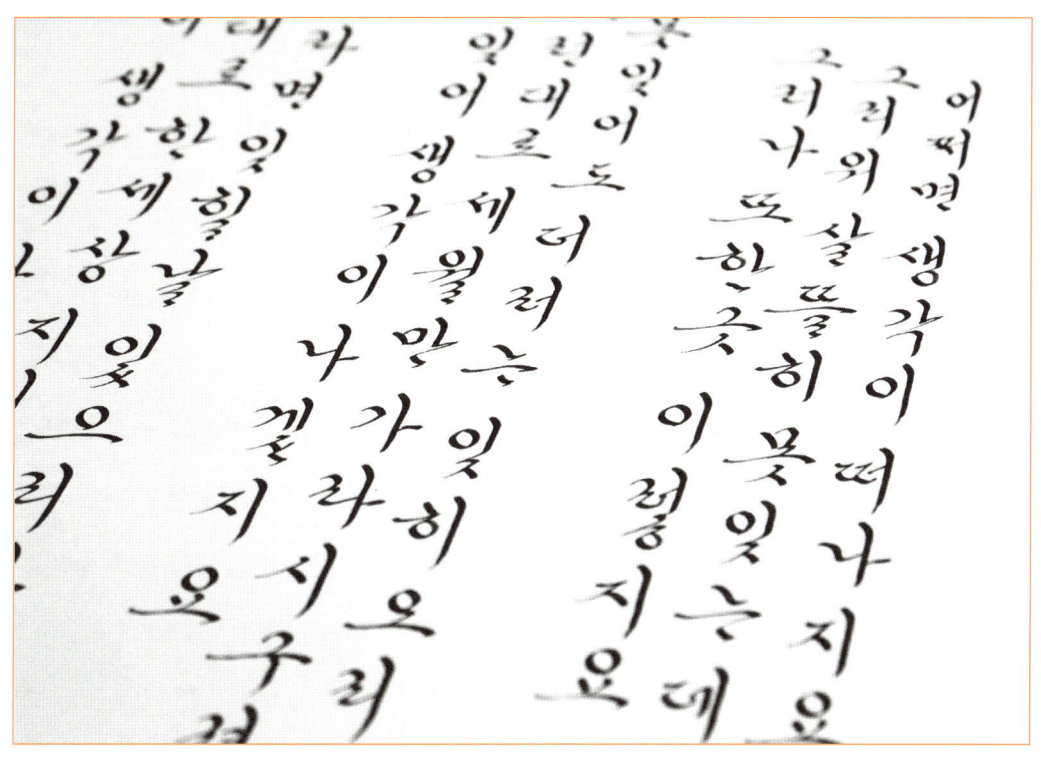

ⓒ **염동일**(샤프연구소, 만년필로 씀)

의 도구 또한 붓, 혹은 붓펜인 경우가 많고 오랜 노력을 들여야 합니다.

하지만 글씨가 서툴러 스트레스가 이만저만이 아닌 이들의 목적은 예술의 추구가 아니지요. 누가 보더라도 좋은 글씨, 반듯한 글씨를 쓰는 것입니다.

굳이 캘리그라피가 아니더라도, 글씨를 꾸준히 연습하는 가운데 '약간의 의도'를 더하면 충분히 개성 있는 글씨가 나옵니다. 예컨대 초성이나 받침 자음, 또는 중간 모음의 크기나 선 두께에 강약을 주는 방식으로 말이지요.

평소의 글씨에서 사람들에게 잘 썼다는 느낌을 주게 되는 가장 중요한 포인트는 '글씨의 리듬감'입니다. 물론 반듯한 선과 글자의 균형미는 기본으로 갖춰야겠지요. 리듬이 있는 글씨는 보기에 아름답고 생기가 넘칩니다.

정의   정의
리듬감이 없는 글씨   **리듬감 있고 경쾌한 글씨**

위에서 오른쪽 글씨가 더욱 경쾌하고 생동감이 있다는 것을 느낄 수 있습니다. 바로 리듬감의 차이입니다. 어떤 테크닉이 이런 차이를 만들어낼까요? 멈춤과 삐침 그리고 꺾기를 통한 선 두께의 변화인데, 붓글씨의 필법을 떠올리면 이해하기 쉬울 듯합니다. 세로획의 시작 지점과 꺾이는 부분에서 한 박자 멈추고, 삐치는 자리에서 선의 두께를 차츰 제로로 가져갑니다.

그런데 글자의 리듬감은 어느 정도 기본 서체 연습 후에 시작해야 합니다. **(day 12 내용 참조)** 리듬감 이전에 반듯한 선과 글자의 조화가 우선이기 때문입니다. 애당초 '초속 1cm' 속도로 쓰면서 글자의 리듬감을 살리는 것도 무리입니다.

처음 악필 교정은 획이 단조로운 견본 서체를 큰 글씨로 천천히 따라 쓰는 게 좋습니다. 나중에는 좋은 문장을 모은 필사책을 한두 권 장만해 연습하면 지루하지도 않고, 글씨 연습과 마음공부 양쪽에 도움이 되기도 합니다.

한글 필기 서체는 정자체, 경사체, 흘림체 등으로 나뉩니다. 정자체는 말 그대로 글자를 흘리지 않고 바르게 쓴 글꼴이고, 흘림체는 흘려서 쓴다는 의미입니다. 이는 인쇄 서체나 컴퓨터 폰트 이전의 개념입니다. 훈민정음 창제 당시의 판본체나 이후 궁녀들의 궁체에 그 맥이 닿아 있지요. 우리가 흔히 알고 있는 명조체**(바탕체)**, 고딕체, 굴림체, 궁서체 등은 한글 글꼴 디자이너 1세대인 최인호 선생이 도안한 서체입니다.

그러면 글씨가 서툰 사람에게 가장 연습하기 쉬운 서체는 무엇일까요? 바로 부드러운 고딕 계열의 경사체(경서체)입니다. 경사체는 기울여 쓴다는 의미로, 이탤릭체라고도 합니다. 세로획은 곧게 쓰는 반면, 가로획을 10~15도 정도로 비스듬하게 올려 쓰면 됩니다. 글자 선이 단조롭고 안정감이 높아서 쓰기에 편한 글꼴입니다.

경사체 다음으로는 정자체, 정자체 기울여 쓰기, 반흘림체의 순으로 연습하는 게 일단은 정석입니다. 틈틈이 엽서체나 다른 사람의 서체를 따라 써보면서 나만의 필체를 찾아가도 좋을 것입니다.

고딕 경사체	봄이 오면 산에 들에 진달래 피네
정자체	봄이 오면 산에 들에 진달래 피네
정자체 기울여 쓰기	봄이 오면 산에 들에 진달래 피네
펜글씨 정자체	봄이 오면 산에 들에 진달래 피네
반흘림체	봄이 오면 산에 들에 진달래 피네

이것으로 글씨를 잘 쓰기 위한 기초 요령 이해하기는 끝입니다. 이제는 펜을 들고 꾸준히 연습할 차례입니다. 정성을 다하는 30일은 결코 짧지 않습니다. 글씨는 반드시 좋아질 수 있습니다.

반듯한 선과 글자 모양을 손으로 익힐 차례입니다.
평소보다 두세 배 크기의 큰 글씨를
초속 1cm의 속도로 쓴다는 마음가짐으로
꾸준히 연습하기 바랍니다.

part 2

선 긋기부터
시작하는
글자 유형 연습

day 02

글씨 연습의 기본 스트레칭, 선 긋기

그림과 글씨는 모두 선으로 이루어집니다.

글씨를 잘 못 쓰는 사람들은 좋은 글자의 이미지가 머릿속에 각인되어 있지 않고, 또 의도한 이미지대로 펜이 움직이지 않는 경우가 많습니다. 좋은 모양의 글자를 눈으로 익혀야 하는 동시에 펜 또한 내 뜻대로 부릴 수 있어야 하는 것입니다. 그 기본이 바로 선 긋기 연습입니다.

그렇다고 주야장천 선 긋기 연습을 할 필요까지는 없습니다. 본 운동 전의 가벼운 스트레칭처럼 글씨 연습 전이나 혹은 틈틈이 '손가락을 푸는' 정도로 충분합니다.

선 긋기는 선이 선명하지 않아도 되므로 연필을 사용해도 좋습니다. 글씨를 쓸 때와 다른 점이라면 긴 선을 그을 때에는 '팔꿈치를 움직여 긋는다' 정도입니다. 그림 그리기에서는 상식입니다만, 팔꿈치로 그려야 선이 더욱 반듯해지기 때문입니다.

한글 글자의 선은 크게 가로선, 세로선, 경사선, 둥근 선입니다. 이 네 가지 선 그리기가 기본인데, 거미줄이나 벽돌담 그리기, 원에 그림자 음영 넣기 따위도 좋은 선 연습이 될 수 있습니다.

기본 선 긋기 연습(연필)

연필로 아래 그림처럼 선 긋기 연습을 합니다. 시작점과 끝나는 지점을 맞추고, 힘을 균등하게 주면서 천천히 긋기 바랍니다. 세로선은 검지의 힘으로 긋고, 가로선은 엄지의 힘으로 긋는다는 느낌을 염두에 둡니다.

그림 그리기 연습

틈틈이 그리기 연습을 하면 글씨에도 도움이 됩니다. 그림 또한 선이고 모양이니까요. 아래의 흐린 그림 위에 연필이나 색연필, 색깔 펜 등으로 그려 볼까요?

노트 한 쪽에 그리는 그림은 특징을 살려서 단순하고 작게 그리는 게 귀여워 보입니다. 한두 색으로 포인트를 살리면 더욱 좋고요. 가끔씩 그려 보기 바랍니다.

day 03

한글의
4가지 글꼴 익히기

한글 글자 수는 전부 몇 개일까요? 자음과 모음은 모두 24개이지만, 이로써 만들어지는 음절(낱낱의 글자) 수는 이론적으로 총 11,172자입니다. 물론 현실적으로 쓰이는 글자 수는 이보다 훨씬 적습니다.

그런데 글씨를 잘 쓰려면 이 많은 글자를 일일이 연습해야 할까요? 당연히 그렇지 않습니다. 글자의 대표 유형을 익히고 그때그때 응용해서 쓰면 됩니다.

글자의 모양으로만 보자면 한글의 유형은 크게 아래 네 가지입니다. 여기서는 이 네 유형의 글씨를 플러스펜(혹은 연필)으로 크게, 천천히 따라 쓰면 됩니다.

- **사** : ◁ 모양. 세로선은 수직으로 반듯하게 그어야 합니다.
- **소** : △ 모양. 가로획을 약간 길게 그으면 보기에 좋습니다.
- **솔** : ⬠ 모양. 상하의 균형을 잘 맞춥니다.
- **닭** : □ 모양. 안정된 모양새를 중시해 씁니다.

- 아래 정자체를 플러스펜으로 천천히 따라 씁니다. 글자 모양을 생각하며, 힘을 처음부터 끝까지 균등하게 줍니다.
- 큰 글씨 연습에서는 반듯한 선과 모양이 우선입니다.

받침 없이 ㅏ, ㅑ, ㅓ, ㅕ, ㅣ와 합쳐진 글자는 ◁ 모양에 맞추어 씁니다.

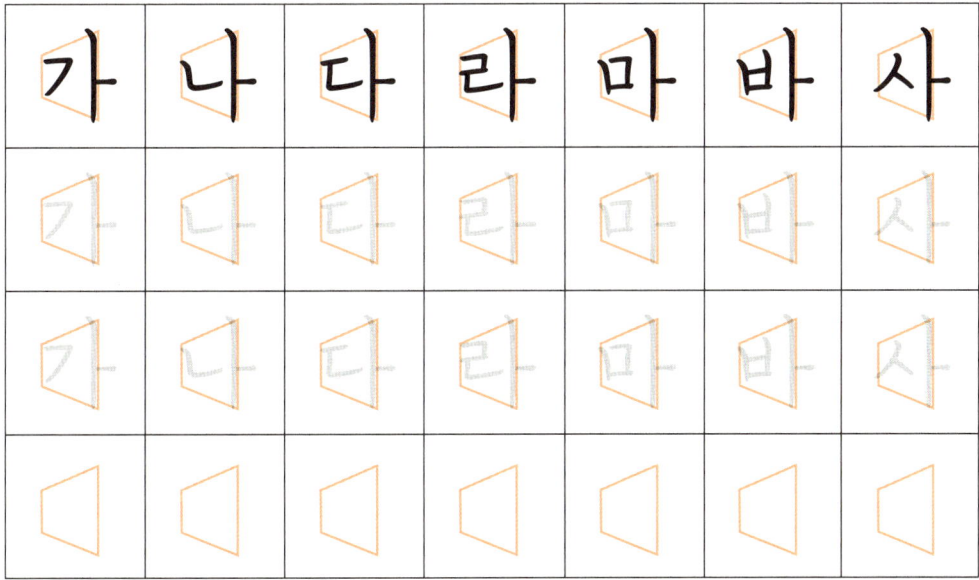

받침 없이 ㅗ, ㅛ, ㅜ, ㅠ, ㅡ와 합쳐진 글자는 △ 모양에 맞추어 씁니다.

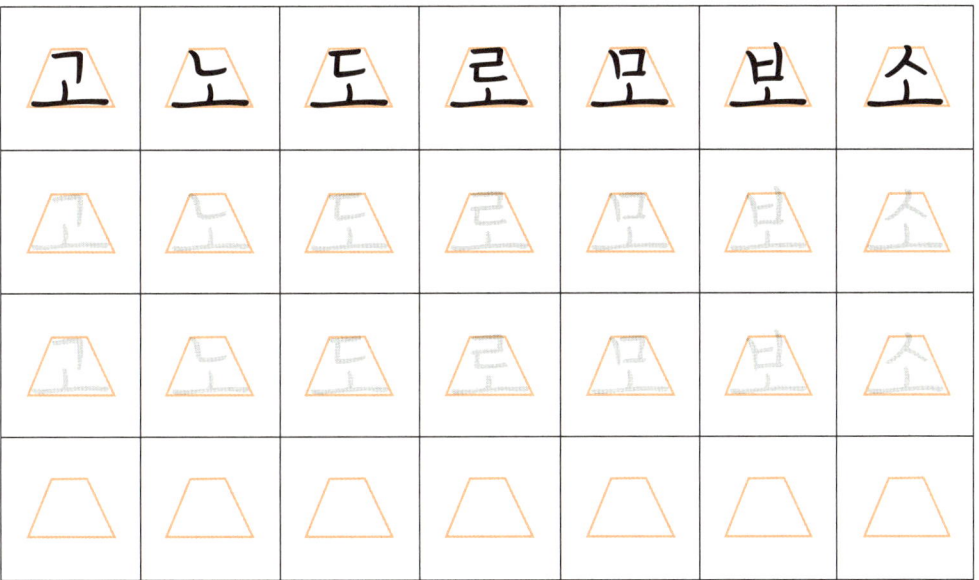

- 아래 정자체를 플러스펜으로 천천히 따라 씁니다. 글자 모양을 생각하며, 힘을 처음부터 끝까지 균등하게 줍니다.
- 큰 글씨 연습에서는 반듯한 선과 모양이 우선입니다.

ㅗ, ㅛ, ㅜ, ㅠ, ㅡ의 모음 밑에 받침이 있는 글자는 ◯ 모양에 맞추어 씁니다.

곡	눈	돋	롤	몸	봄	솟

사각형 형태(□)의 받침이 있는 글자는 네모 칸 안에 중심을 잡아서 씁니다.

함	낙	닭	람	말	밥	삭

- 이번에는 좀 더 큰 정자체를 '붓글씨를 쓰듯이' 천천히 따라 써봅니다. 한글에서 가장 자주 쓰이는 조사 1위부터 10위까지입니다. (색연필이나 플러스펜)

의	을	에	이	는	를
의	을	에	이	는	를
의	을	에	이	는	를
은	가	도	으	로	
은	가	도	으	로	
은	가	도	으	로	

day 04
큰 글씨 경사체 따라 쓰기

이제 큰 글씨 경사체로 본격적인 쓰기 연습을 하게 됩니다. 한글의 초성 19자, 중성 21자, 종성 27자로 조합한 다양한 음절 예시를 따라 쓰면 됩니다.

고딕 계열의 경사체는 글씨 초보자에게 알맞은 글꼴입니다. 이 연습에서 가장 중요한 것은 글자의 모양을 눈과 손으로 익히며, 선을 바르게 긋기입니다. 글자 획이 의도한 대로 반듯하게 그어져야 하는 것입니다. 큰 글씨로 쓰는 이유는 그 때문입니다. 작은 글씨는 펜 컨트롤이 어렵고 모양을 바로잡기에도 여의치 않습니다.

플러스펜(초등생은 연필)으로 아주 천천히 '글자 모양을 의식하며' 쓰기 바랍니다. 앞에서 언급했듯이 초속 1cm 속도로 쓴다는 마음가짐이면 됩니다.

큰 글씨로 천천히 쓰는 연습에서는 손가락에 힘이 조금은 들어갈 수밖에 없습니다. 부드럽고 리듬 있게 쓰는 연습이 아니기 때문입니다. 다만 종이 뒷면에 펜 자국이 남을 정도로 눌러 쓰는 것은 좋지 않습니다.

글자 리듬감은 일단 접어두고, 처음부터 끝까지 힘을 균등하게 주면서 글자의 선을 하나하나 '그리면' 됩니다. 글자 선과 모양 연습이므로 견본 글씨에 약간의 변화를 줘서 쓰더라도 별문제는 없습니다.

가로 모음 연습

- 가로 모음 ㅗ, ㅛ, ㅜ, ㅠ, ㅡ의 연습입니다.
- 반듯한 선과 모양을 의식하며 천천히 따라 씁니다. (플러스펜)

오	교	구	규	그	조	묘
오	교	구	규	그	조	묘
오	교	구	규	그	조	묘

가로 모음은 조금 더 길게 그어야 안정감이 있습니다.

곰	용	굼	귤	금	풀	송
곰	용	굼	귤	금	풀	송
곰	용	굼	귤	금	풀	송

● 받침이 없는 글씨는 너무 작아지지 않도록 유의합니다.

초	료	주	부	스	프	효
초	료	주	부	스	프	효
초	료	주	부	스	프	효

독	용	술	흉	속	큰	콩
독	용	술	흉	속	큰	콩
독	용	술	흉	속	큰	콩

● 네모 칸의 7할 정도 크기로, 가로획 아래위 자음의 균형에 유의합니다.

토	표	쿠	유	크	휴	추

춘	논	군	돈	균	은	동

day 05

세로 모음 연습

- 세로 모음 ㅏ, ㅑ, ㅓ, ㅕ, ㅣ의 연습입니다.
- 반듯한 선과 모양을 의식하며 천천히 따라 씁니다.

아	자	차	카	타	파	하
아	자	차	카	타	파	하
아	자	차	카	타	파	하

세로획은 무엇보다 곧아야 합니다. 곧지 않으면 문장 전체가 어수선해 보입니다.

거	너	더	러	머	버	서
거	너	더	러	머	버	서
거	너	더	러	머	버	서

● 세로 모음 글씨는 왼쪽 자음이 너무 커지지 않도록 합니다.

어	저	처	커	터	퍼	허

간	양	력	벽	식	김	장

● 받침이 있는 글자는 세로 모음이 받침 자리를 침범하지 않도록 합니다.

난	선	멋	밥	설	만	달
난	선	멋	밥	설	만	달
난	선	멋	밥	설	만	달

박	섬	현	칼	명	짐	한
박	섬	현	칼	명	짐	한
박	섬	현	칼	명	짐	한

day 06

ㄱ ㄴ ㄷ ㄹ 연습

- 자음 ㄱ, ㄴ, ㄷ, ㄹ의 초성과 종성 연습입니다.
- 반듯한 선과 모양을 의식하며 천천히 따라 씁니다.

구	누	두	루	거	뉴	두
구	누	두	루	거	뉴	두
구	누	두	루	거	뉴	두

똑같은 자음이라도 초성과 종성일 때 모양이 조금씩 다른 것에 유의합니다.

공	옥	날	란	돌	달	곧
공	옥	날	란	돌	달	곧
공	옥	날	란	돌	달	곧

● 획의 시작과 끝, 연결이 깔끔한 글씨가 보기에 좋습니다.

규	기	뇨	냐	드	디	려
규	기	뇨	냐	드	디	려
규	기	뇨	냐	드	디	려

류	락	할	경	녕	닿	럼
류	락	할	경	녕	닿	럼
류	락	할	경	녕	닿	럼

● ㄱ, ㄹ처럼 획이 꺾이는 부분에서는 한 박자 쉰 다음에 펜 방향을 바꿉니다.

일	곤	툰	덧	울	을	곱
일	곤	툰	덧	울	을	곱
일	곤	툰	덧	울	을	곱

국	눈	둥	록	숙	운	굳
국	눈	둥	록	숙	운	굳
국	눈	둥	록	숙	운	굳

day 07

ㅁ ㅂ ㅇ ㅎ 연습

- 자음 ㅁ, ㅂ, ㅇ, ㅎ의 초성과 종성 연습입니다.
- 반듯한 선과 모양을 의식하며 천천히 따라 씁니다.

무	바	우	후	미	비	여
무	바	우	후	미	비	여
무	바	우	후	미	비	여

획의 처음부터 끝까지 힘과 속도를 균등하게 유지합니다.

몽	옴	발	압	앙	상	옹
몽	옴	발	압	앙	상	옹
몽	옴	발	압	앙	상	옹

● ㅁ, ㅂ은 선이 분명하게 연결되어야 보기에 좋습니다.

법	맙	멀	밑	발	봉	빙
법	맙	멀	밑	발	봉	빙
법	맙	멀	밑	발	봉	빙

약	역	합	홍	읍	좋	붓
약	역	합	홍	읍	좋	붓
약	역	합	홍	읍	좋	붓

day 08

ㅅ ㅈ ㅊ 연습

- 자음 ㅅ, ㅈ, ㅊ의 초성과 종성 연습입니다.
- 반듯한 선과 모양을 의식하며 천천히 따라 씁니다.

수	주	쳐	시	지	치	즈
수	주	쳐	시	지	치	즈
수	주	쳐	시	지	치	즈

획의 처음부터 끝까지 힘과 속도를 균등하게 유지합니다.

삽	밧	솜	잡	곳	침	좆
삽	밧	솜	잡	곳	침	좆
삽	밧	솜	잡	곳	침	좆

● ㅅ, ㅈ은 획을 분명하게 긋지 않으면 헷갈릴 수 있으니 주의합니다.

웃	슴	적	죽	찬	참	작

벗	습	절	짐	줄	청	축

day 09

ㅋ ㅌ ㅍ 연습

- 자음 ㅋ, ㅌ, ㅍ의 초성과 종성 연습입니다.
- 반듯한 선과 모양을 의식하며 천천히 따라 씁니다.

쿠	투	푸	키	티	피	프
쿠	투	푸	키	티	피	프
쿠	투	푸	키	티	피	프

획의 처음부터 끝까지 힘과 속도를 균등하게 유지합니다.

칸	클	통	솥	판	필	숲
칸	클	통	솥	판	필	숲
칸	클	통	솥	판	필	숲

● ㅋ, ㅌ, ㅍ의 가로선과 세로선 사이의 공간 비율이 비슷하도록 합니다.

크	큐	토	태	펴	켜	트
크	큐	토	태	펴	켜	트
크	큐	토	태	펴	켜	트

컵	콩	틀	탕	팔	팥	폰
컵	콩	틀	탕	팔	팥	폰
컵	콩	틀	탕	팔	팥	폰

day 10

쌍자음과 겹받침 연습

● 초성에 오는 쌍자음 ㄲ, ㄸ, ㅃ, ㅆ, ㅉ와 겹받침 ㄳ,ㄳ, ㄵ, ㄶ, ㄺ, ㄻ, ㄼ, ㄽ, ㄾ, ㄿ, ㅀ, ㅄ, ㅆ의 연습입니다.

까	따	빠	싸	짜	끄	뜨
까	따	빠	싸	짜	끄	뜨
까	따	빠	싸	짜	끄	뜨

획의 처음부터 끝까지 힘과 속도를 균등하게 유지합니다.

꼭	꺾	땀	뽕	쌍	있	쫓
꼭	꺾	땀	뽕	쌍	있	쫓
꼭	꺾	땀	뽕	쌍	있	쫓

● 쌍자음은 자음 하나의 크기로 쓰는 것에 유의합니다.

닭	못	앉	않	읽	굶	넓

곬	핥	읊	끊	값	엿	꿈

day 11

이중모음 연습

- 중성에 오는 이중모음 ㅐ, ㅒ, ㅔ, ㅖ, ㅘ, ㅙ, ㅚ, ㅝ, ㅞ, ㅟ, ㅢ의 연습입니다.
- 반듯한 세로획과 모양에 유의하며 천천히 따라 씁니다.

애	얘	에	예	와	왜	외
애	얘	에	예	와	왜	외
애	얘	에	예	와	왜	외

이중모음은 곧은 세로선과 획의 일정한 간격에 유의해 씁니다.

위	의	개	네	래	과	왜
위	의	개	네	래	과	왜
위	의	개	네	래	과	왜

● 받침이 있는 글자와 없는 글자의 전체 크기가 비슷해지도록 합니다.

죄	워	쉬	희	때	씨	튀
죄	워	쉬	희	때	씨	튀
죄	워	쉬	희	때	씨	튀

줬	괄	줜	흰	엔	봤	윈
줬	괄	줜	흰	엔	봤	윈
줬	괄	줜	흰	엔	봤	윈

이런 글씨는 이렇게 고쳐요!

천재는 악필이라는 말이 있지요. 아마 그들은 손이 머리 회전을 따라가지 못하거나, 오직 글씨는 자신만이 알아볼 수 있으면 충분한지도 모르겠습니다.

악필들은 대개 어린 시절부터 글씨를 잘 쓰려고 노력을 다하지 않은 경우가 많습니다. 그래도 본인의 글씨 습관에서 무엇이 잘못되었는지를 안다면 악필 교정 또한 조금은 수월할 것입니다. 몇몇 예를 들어보겠습니다.

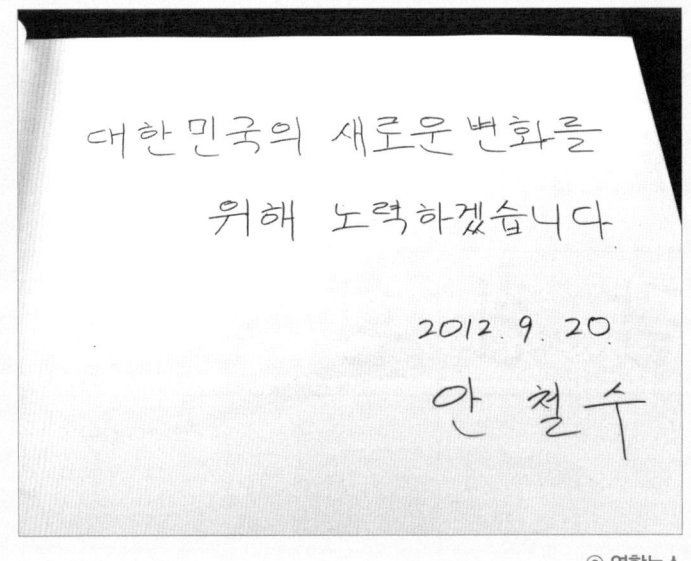

ⓒ 연합뉴스

■ **글자 모양에 대한 의식, 리듬감이 부족한 글씨**

인터넷에서 '철수체'로 화제가 되었던 안철수 씨의 글씨입니다.

정자체나 경사체 글자 모양을 좀 더 의식하면서 써야 하고 ㄷ, ㄱ, ㄹ 같은 자음 획을 분명하게 꺾어주는 게 좋아 보입니다. 글자 크기가 고르지 못한 것에도 유의해야 하고요. 펜을 가볍게 쥐고 선을 반듯하게 긋는 연습과 함께 붓글씨를 쓰듯이 리듬감을 조금만 더 살려 쓴다면 짧은 시일 내에 변화할 여지가 많은 글씨입니다.

■ 빠르다 못해 날아다니는 유성볼펜 글씨

이 글씨가 논술 시험이었다면 어땠을까요? 너무 빠르게 쓰는 습관이 악필의 가장 큰 원인으로 보입니다. 글자의 각을 의식할 필요도 있습니다. 각이 없는 둥근 글씨는 초등생 글씨처럼 보이곤 하지요. 이런 필치는 큰 글씨 정자체로 천천히 쓰는 연습을 꾸준히 해야 합니다.

글씨 쓰는 속도를 늦추고 각각의 글자 요소(자음과 모음)를 제대로 갖추어 쓰기, 획이 꺾이는 부분에서 한 템포 늦추기 등에 유의합니다. 빠른 필기는, 펜을 가볍게 쥐고 반듯하게 쓰는 연습을 충분히 한 후에 속도를 높여야 합니다.

> 맛있게 잘 먹고 갑니다.
> 대박 나서
> 주변 건물 다 사세요!
>
> 서교동 뭉치

■ 힘이 너무 들어가서 딱딱한 글씨

획이 딱딱해 보이는 것은 손에 힘이 너무 들어갔기 때문입니다. 이런 필체라면 금세 손가락이 지치지요. 의식적으로 펜을 가볍게 쥐고(엄지와 검지로 펜을 '집듯이' 쥐고 새끼손가락의 안정감을 높인다.) 오른쪽 위로 살짝 기운 경사체를 꾸준히 연습하면 글씨는 확연히 달라질 것입니다. 또한 획 느낌이 가벼우면서도 반듯해지도록 긋는 습관을 의식적으로 들이는 게 좋습니다.

■ 자세가 바르지 못해 들쑥날쑥한 글씨

오른쪽은 인터넷 유머 게시판 등에 떠도는 글씨입니다만, 낙담할 정도로 악필은 아닙니다. 행간에 엿보이는 순수함이 오히려 귀엽게 느껴지기도 하고요.

글자 모양이 고르지 못하고 들쑥날쑥한 글씨는 얼굴을 노트에 너무 가까이 대고 쓰는

> 나도 이쁜 글씨체 갖고싶다.
> 여중생 같은 아기자기한 글씨체 갖고싶다.
> 아니면 우리학교 전교 회장같은
> 여성스러우면서 반듯한 모범생 글씨체 갖고 싶다.
> 나는 글씨체가 왜이럴까
> 글씨 쓰고 꽃도 달고 하면 여중생 같을까?
> 꽃도 못그리네ㅠㅠ

습관이 원인인 경우가 많습니다. 펜을 짧게 세워서 잡아도 글자가 고르지 못하게 됩니다. 손에 힘이 많이 들어가서 글자의 각 요소가 비뚤어지거나 너무 작아지기도 하지요. 얼굴을 지면에서 30cm 이상 떨어뜨리고, 펜을 엄지와 검지로 '가볍게 집듯이' 잡아보세요. 글씨 연습은 연필이나 플러스펜, 아니면 색연필을 가지고 해도 좋습니다. 평소보다 두 배 이상 크기의 큰 글씨를, 아주 천천히 쓰는 연습을 꾸준히 하는 것이지요. 가로선이 큼직한 영어 알파벳 노트나 악보 노트를 이용해도 큰 도움이 됩니다.

나아지려는 마음을 잃지 않는 한 틀림없이 예쁜 글씨와 그림을 갖게 될 것입니다!

* 출처를 찾지 못한 위 이미지의 저작권은 연락을 주시면 성심껏 조치하겠습니다.

경사체로 선 연습을 하고 글자의 균형감을 익혔다면
이제 정자체와 정자체 기울여 쓰기 등에 리듬감을 살려도 좋습니다.
물론 리듬감 이전에 반듯한 선과 글자 모양이
여전히 우선이라는 점을 꼭 기억하기 바랍니다.

part 3
정자체 연습과 글자의 리듬감 익히기

day 12

조화롭고 리듬감 있는 글씨를 쓰려면

여기서부터는 정자체로 글씨 연습을 하게 됩니다.

시중의 글씨 교본에는 정자체만으로 되어 있는 책도 많은데, 사실 정자체가 쉬운 글씨는 아닙니다. 리듬감이 살아야 잘 쓴 글씨로 보이기 때문입니다.

앞에서 글씨의 리듬감은 멈춤과 삐침, 선 두께의 변화로 만들어진다고 했습니다. 붓글씨의 필법처럼 말입니다. 물론 붓펜이나 사인펜, 만년필이 아니라 볼펜으로도 글자의 리듬을 살릴 수 있습니다.

정자체는 단어나 문장으로 연습하게 되는데, 그러자면 음절 단위의 균형에 더해 글자 간의 조화도 중요해집니다. 가장 손쉬운 방법은 밑줄에 맞춰서 쓰고(밑줄이 없다면 있다고 여기고), 글자의 크기를 고르게 한다는 마음으로 천천히 쓰는 것입니다. 글자 간의 간격을 살짝 좁히는 것도 글씨를 좋아 보이게 하는 요령입니다.

정자체 문장을 쓸 때는 리듬감을 살려도 좋습니다. 다만, 속도가 너무 빠르면 선의 질은 좋아져도 선이 비뚤어지거나 글자 모양이 무너질 우려가 있습니다. 너무 느리면 선이 흔들려 보이거나 리듬감을 살리기 어렵고요. 이상적으로는 '선이 똑바르고 반듯할 만큼의 빠르기'를 자신의 글씨 속도라고 여기면 됩니다.

정자체 연습은 플러스펜, 혹은 중성펜 0.7mm로 하면 됩니다.

글자의 리듬감을 만드는 요령

서예에는 운필법이라는 게 있습니다. 그중 기필起筆은 붓을 댄다는 것이고 행필行筆은 쓰는 것이며, 수필收筆은 붓을 뗀다는 의미입니다.

이 같은 붓글씨의 기교가 일반 펜 쓰기에 접목된 글씨가 좋아 보입니다. 쉽게 말해, 볼펜으로 쓰더라도 붓글씨처럼 쓴 글씨가 보기에 좋은 것입니다. 글씨를 잘 쓰는 사람들은 자기도 모르는 사이에 그 노하우를 실천하고 있습니다.

리듬감의 요령은 펜을 분명하게 멈추고 삐치는 데 있습니다. 아래의 글씨를 비교해 보겠습니다.

 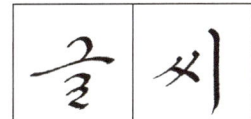

오른쪽 글씨가 훨씬 어른스러워 보입니다. 바로 기필과 수필 등에서 멈춤과 삐침, 선 두께의 변화 차이라고 할 수 있습니다.

① 기필 (펜을 대며 잠깐 멈칫한 다음에 선을 긋는다.)

② 멈춤 (펜을 온 방향으로 되돌려 올리듯이 멈춘다.)

③ 꺾기 (꺾이는 부분에서 한 박자 쉰 다음 방향을 바꾼다.)

④ 삐침 (글자 두께가 시시히 제로가 되도록 한다.)

- 색연필이나 플러스펜으로 붓글씨를 쓰듯이 천천히 써봅니다.
- 획이 꺾이는 곳과 마치는 곳에서는 한 박자를 멈추듯이 리듬감을 살립니다.

대	한	민	국	만	세
대	한	민	국	만	세
대	한	민	국	만	세

훈	민	정	음	한	글
훈	민	정	음	한	글
훈	민	정	음	한	글

- 반듯한 선과 균형 잡힌 모양은 글자의 리듬감보다 우선합니다.
- 천천히 쓰되 멈추고 삐치는 부분에 유의합니다.

사	랑	믿	음	소	망
사	랑	믿	음	소	망
사	랑	믿	음	소	망

무	궁	화	삼	천	리
무	궁	화	삼	천	리
무	궁	화	삼	천	리

day 13

정자체로
단어 따라 쓰기

글씨를 못 쓰는 사람들의 가장 큰 문제점은 올바른 글자 모양이 눈과 손에 익지 않은데다가, 반듯한 선을 긋는 훈련이 잘 안 되어 있다는 게 첫 번째입니다. 다시 한 번 강조하지만 좋은 글씨에는 이것들이 기본입니다.

따라서 기본적으로 '초속 1cm'는 여기서도 유효한데, 단어와 문장 쓰기로 넘어온 만큼 조금 속도를 올려도 좋습니다.

펜은 플러스펜을 그대로 써도 좋고, 중성펜도 좋습니다. 그립감이나 평소의 필기를 생각하면 중성펜으로 연습하는 것도 괜찮을 듯합니다.

그리고 유독 모양이 나쁜 획들이 있지요? 예를 들어 세로획이나 ㄴ, ㅁ, ㅂ, ㄹ 등 나쁘게 써지는 획만을 반복적으로 연습하는 것도 좋은 방법입니다.

필체는 그처럼 의식적으로 노력해야 비로소 바뀝니다.

정자체 기본 연습

- 정자체의 기본 연습입니다.

- 반듯한 세로획과 모양에 유의하며 천천히 따라 씁니다.

가	나	다	라	마	바	사
가	나	다	라	마	바	사
가	나	다	라	마	바	사

정자체는 똑바르고 깔끔한 선이 더욱 중요합니다.

아	자	차	카	타	파	하
아	자	차	카	타	파	하
아	자	차	카	타	파	하

● 이중모음은 끝은 세로선과 공간의 일정한 간격에 유의해 씁니다.

아	야	어	여	오	요	으
아	야	어	여	오	요	으
아	야	어	여	오	요	으

이	애	얘	에	예	왜	외
이	애	얘	에	예	왜	외
이	애	얘	에	예	왜	외

● 받침이 없는 글자일수록 글자의 모양이 작아지거나 허물어지지 않도록 합니다.

워	위	의	구	누	두	루
워	위	의	구	누	두	루
워	위	의	구	누	두	루

문	묵	밥	상	살	솔	용
문	묵	밥	상	살	솔	용
문	묵	밥	상	살	솔	용

day 14

정자체 단어 연습 1 – 힘을 주는 말

● 아래 정자체를 플러스펜이나 중성펜으로 천천히 따라 씁니다. 반듯한 선과 모양이 우선이고, 글자의 리듬감은 그다음입니다.

사	랑	해	희	망	용	기
사	랑	해	희	망	용	기
사	랑	해	희	망	용	기

똑같은 자음이라도 초성과 종성일 때 모양이 조금씩 다른 것에 유의합니다.

친	구	꿈	기	역	감	사
친	구	꿈	기	역	감	사
친	구	꿈	기	역	감	사

● 세로 모음의 시작은 살짝 꺾고, 선의 멈춤과 삐침에 주의해 씁니다.

최	고	자	신	감	새	해
최	고	자	신	감	새	해
최	고	자	신	감	새	해

건	강	행	운	가	족	돈
건	강	행	운	가	족	돈
건	강	행	운	가	족	돈

● 정자체는 똑바르고 깔끔한 느낌의 세로획이 더욱 중요합니다.

안	녕	함	께	좋	은	날
안	녕	함	께	좋	은	날
안	녕	함	께	좋	은	날

약	속	응	원	나	엄	마
약	속	응	원	나	엄	마
약	속	응	원	나	엄	마

day 15

정자체 단어 연습 2 – 일상용어

● 아래 정자체를 플러스펜이나 중성펜으로 천천히 따라 씁니다. 반듯한 선과 모양이 우선이고, 글자의 리듬감은 그다음입니다.

어	제	오	늘	다	음	주
어	제	오	늘	다	음	주
어	제	오	늘	다	음	주

각각의 자음, 모음의 모양이 분명해지도록 합니다.

아	침	점	심	저	녁	밤
아	침	점	심	저	녁	밤
아	침	점	심	저	녁	밤

● '획으로 집을 짓는다'는 느낌으로 쓰면 글씨가 더욱 빨리 늡니다.

형	누	나	동	생	아	빠
형	누	나	동	생	아	빠
형	누	나	동	생	아	빠

가	족	친	척	생	일	낮
가	족	친	척	생	일	낮
가	족	친	척	생	일	낮

● 당장은 선의 질이 마음에 안 들어도 모양을 중시해서 씁니다.

술	영	화	공	연	맛	집
술	영	화	공	연	맛	집
술	영	화	공	연	맛	집

집	학	교	버	스	전	철
집	학	교	버	스	전	철
집	학	교	버	스	전	철

day 16

정자체 단어 연습 3 – 사무용어

● 아래 정자체를 플러스펜이나 중성펜으로 천천히 따라 씁니다. 반듯한 선과 모양이 우선이고, 글자의 리듬감은 그다음입니다.

회	사	부	서	기	획	안
회	사	부	서	기	획	안
회	사	부	서	기	획	안

각각의 자음, 모음의 모양이 분명해지도록 합니다.

승	진	마	케	팅	출	장
승	진	마	케	팅	출	장
승	진	마	케	팅	출	장

● 정자체는 똑바르고 깔끔한 선이 더욱 중요합니다.

휴	가	조	퇴	보	너	스
휴	가	조	퇴	보	너	스
휴	가	조	퇴	보	너	스

회	의	보	고	경	위	서
회	의	보	고	경	위	서
회	의	보	고	경	위	서

● 받침이 있을 때는 세로획이 받침 자리를 침범하지 않도록 합니다.

야	근	견	적	발	주	처
야	근	견	적	발	주	처
야	근	견	적	발	주	처

청	구	정	산	사	직	서
청	구	정	산	사	직	서
청	구	정	산	사	직	서

day 17

정자체 단어 연습 4 – 나를 일깨우는 말

● 아래 정자체를 플러스펜이나 중성펜으로 천천히 따라 씁니다. 반듯한 선과 모양이 우선이고, 글자의 리듬감은 그다음입니다.

성	실	습	관	바	른	길
성	실	습	관	바	른	길
성	실	습	관	바	른	길

각각의 자음, 모음의 모양이 분명해지도록 합니다.

목	표	노	력	웃	음	땀
목	표	노	력	웃	음	땀
목	표	노	력	웃	음	땀

● 세로 모음의 시작은 살짝 꺾고, 선의 멈춤과 삐침에 주의해 씁니다.

근	면	배	려	인	내	궁
근	면	배	려	인	내	궁
근	면	배	려	인	내	궁

정	도	전	우	공	이	산
정	도	전	우	공	이	산
정	도	전	우	공	이	산

● 받침이 있는 글자와 없는 글자의 전체 크기가 비슷해지도록 합니다.

포	용	겸	손	자	부	심
포	용	겸	손	자	부	심
포	용	겸	손	자	부	심

절	제	친	절	재	테	크
절	제	친	절	재	테	크
절	제	친	절	재	테	크

day 18

정자체로
문장 따라 쓰기

정자체 문장 쓰기는 글자 간의 조화 외에 자간과 행간을 포함한 여백도 중요합니다. 이들 요소가 글씨를 좋게도, 나쁘게 보이게도 하는 기준이 됩니다.

- ▶ 글자 간격은 살짝 좁혀서 너무 벙벙하지 않은 게 보기에 좋습니다. 다만, 연습에서는 글자 하나하나의 모양을 중시해 조금 넓게 씁니다.
- ▶ 행은 밑줄 또는 중심선을 맞춰서 쓰는데, 행 간격은 글자 높이의 0.7~1.0 정도가 보기에 좋습니다. 가로줄이 있다면 줄 높이의 70% 정도의 크기로 씁니다.
- ▶ 문장 연습에서는 플러스펜 외에 중성펜 0.7mm를 사용해도 좋습니다.
- ▶ 오선 악보가 그려진 노트, 영어 알파벳 연습 노트처럼 가로 기준선이 여러 개 있는 노트에 정자체 문장을 연습하는 것도 좋은 방법입니다.

● 아래 정자체 문장을 플러스펜이나 중성펜으로 천천히 따라 씁니다. 반듯한 선과 모양이 우선이고, 글자의 리듬감은 그다음입니다.

엄마야 누나야 강변 살자

뜰에는 반짝이는 금모래빛

동해물과 백두산이 마르고 닳

● 글자 모양을 중시하며 천천히 쓰되 획이 멈추고 삐치는 부분에 유의합니다. 받침이 없는 글자라도 크기를 고르게 합니다.

도록 하느님이 보우하사 우리

나라 만세 무궁화 삼천리 화

려강산 대한 사람 대한으로

day 19

정자체 문장 연습 1 – 인생 명언 1

- 대부분의 사람은 마음먹은

  만큼 행복하다 – 링컨

- 절망스러운 상황은 없다.

● 글자 모양을 중시하며 천천히 쓰되 획이 멈추고 삐치는 부분에 유의합니다. 받침이 없는 글자라도 크기를 고르게 합니다.

절망한 사람만 있을 뿐이다-루스

절망한 사람만 있을 뿐이다-루스

● 오랫동안 꿈을 그려온 사람은

오랫동안 꿈을 그려온 사람은

마침내 그 꿈을 닮아 간다 -말로

마침내 그 꿈을 닮아 간다 -말로

● 획이 꺾이는 지점에서 한 박자 쉬고, 연결 부분에 잔선이 없도록 깔끔하게 잇습니다. 선의 질이 좋고 반듯할 정도의 속도와 리듬감을 유지합니다.

• 최고의 삶을 바란다면 최고

의 삶을 얻을 것이다 - 모옴

• 인생은 흘러가는 게 아니라

- 세로 모음의 길이를 잘 맞춥니다. 자음과 모음, 특히 받침이 있는 글자의 세로획이 서로의 자리를 침범하지 않도록 합니다.

채워지는 것이다. 우리는 하루하

루를 보내는 게 아니라 내가 가

진 무엇으로 채워간다 - 러스킨

day 20

정자체 문장 연습 2 – 인생 명언 2

• 음미하지 않는 삶이란

의미가 없다 - 소크라테스

• 한 마리의 제비가 왔다고 봄이

● 글자 모양을 중시하며 천천히 쓰되 획이 멈추고 삐치는 부분에 유의합니다. 받침이 없는 글자라도 크기를 고르게 합니다.

온 것이 아니듯이, 하루의 덕행

온 것이 아니듯이, 하루의 덕행

으로 일생이 복되고 행복해질

으로 일생이 복되고 행복해질

수는 없다 - 아리스토텔레스

수는 없다 - 아리스토텔레스

- 세로 모음의 길이를 잘 맞춥니다. 자음과 모음, 특히 받침이 있는 글자의 세로획이 서로의 자리를 침범하지 않도록 합니다.

• 우리 인생에는 허다한 모순이 있으며, 그것을 해결할 길은 오로지 사랑뿐이다 - 톨스토이

day 21

정자체 기울여 쓰기 연습 1

이제부터는 정자체의 변형 글씨를 연습합니다. 정자체 기울여 쓰기와 반흘림체이지요.

기울여 쓰기는 정자체에서 가로획을 10~15도 정도 오른쪽 위로 기울이면 됩니다. 보기에도 좋고, 가장 흔한 글씨 중 하나라고 할 수 있습니다.

그에 비해 반흘림체는 조금 흘려서 쓴 글꼴입니다. 한자 서예의 초서草書가 흘림체, 행서行書가 반흘림체에 해당합니다. 반흘림체는 리듬감 있게 쓰기에 좋은 서체이지만, 그만큼 글씨가 '날아다닐' 우려가 있습니다. 흘려서 쓴다는 게 꼭 빨리 쓴다는 의미가 아니라는 점을 기억하기 바랍니다.

▶ 기울여 쓰기는 가로획을 일률적으로 10~15도 정도 올립니다.
▶ 글자 간격은 살짝 좁혀서 너무 뻥뻥하지 않은 게 보기에 좋습니다.
▶ 기울여 쓰기와 반흘림체 연습은 중성펜 0.5~0.7mm를 권장합니다.

● 아래 정자 경사체 문장을 중성펜으로 따라 씁니다. 리듬감을 살려도 좋은데, 하나하나의 획 모양과 자리가 분명하고 비뚤어진 느낌이 없어야 합니다.

세월은 본래 길건만 바쁜 이들은

스스로 촉박하다 하고, 천지는 본래

넓건만 속된 이들은 스스로 좁다고

- 행은 밑줄 또는 중심선을 맞춰서 쓰는데, 행 간격은 글자 높이의 0.7~1.0 정도가 보기에 좋습니다. 가로줄이 있다면 줄 높이의 70% 정도의 크기로 씁니다.

하며, 바람과 꽃, 눈과 달은 본래

한가하건만 악착같은 이들은 스스로

번잡하다고 한다 - 채근담

● 정자체와 마찬가지로 경사체는 반듯한 세로획이 더욱 중요합니다. 글자 크기 비율을 잘 맞추는 것에도 유의합니다.

아는 사람은 잘하는 사람만 같지

못하고, 잘하는 사람은 즐기는

사람만 같지 못하다 - 논어

- 글자 모양을 중시하며 천천히 쓰되 획이 멈추고 삐치는 부분에 유의합니다. 받침이 없는 글자라도 크기를 고르게 합니다.

남들보다 더 잘하려고 고민하지

마라. 지금의 나보다 잘하려고

애쓰는 게 더 중요하다 - 포크너

● 획이 꺾이는 지점에서 한 박자 쉬고, 연결 부분에 잔선이 없도록 깔끔하게 잇습니다. 선의 질이 좋고 반듯할 정도의 속도와 리듬감을 유지합니다.

두려움은 희망 없이 있을 수

없고 희망은 두려움 없이

있을 수 없다 - 스피노자

day 22

정자체 기울여 쓰기 연습 2

유익한 친구와 해로운 친구에는

저마다 세 부류가 있다. 정직한 사람,

신실한 사람, 지식이 많은 사람을 벗

- 정자체와 마찬가지로 경사체는 반듯한 세로획이 더욱 중요합니다. 글자 간의 크기 비율 또한 잘 맞춰야 보기에 좋습니다.

하면 유익하고, 겉만 번지르르한

사람, 아첨하는 사람, 말만 앞서는

사람을 벗하면 해롭다 - 논어

● 행은 밑줄 또는 중심선을 맞춰서 쓰는데, 행 간격은 글자 높이의 0.7~1.0 정도가 보기에 좋습니다. 가로 줄이 있다면 줄 높이의 70% 정도의 크기로 씁니다.

가난하다는 말은 너무 적게 가진

이가 아니라, 더 많은 것을 바라는

사람을 두고 하는 말이다 - 세네카

● 정자체와 마찬가지로 경사체는 반듯한 세로획이 더욱 중요합니다. 글자 간의 크기 비율 또한 잘 맞춰야 보기에 좋습니다.

배우는 일은 우물을 파는 것과

같다. 샘에 이르지 않으면 우물을

버리는 것과 같다 - 맹자

day 23

정자체 기울여 쓰기 연습 3

• 우리는 오직 사랑을 함으로써

사랑을 배울 수 있다 - 머독

• 강렬한 사랑은 판단하지 않는

● 글자 모양을 중시하며 천천히 쓰되 획이 멈추고 삐치는 부분에 유의합니다. 받침이 없는 글자라도 크기를 고르게 합니다.

다. 주기만 할 뿐이다 - 테레사

● 더 많이 사랑하는 것 외에 다른

사랑의 치료약은 없다 - 소로

- 획이 꺾이는 지점에서 한 박자 쉬고, 연결 부분에 잔선이 없도록 깔끔하게 잇습니다. 선의 질이 좋고 반듯할 정도의 속도와 리듬감을 유지합니다.

• 시간은 우정을 강하게 만들고

시간은 우정을 강하게 만들고

사랑을 약하게 만든다 -브르예르

사랑을 약하게 만든다 -브르예르

• 상대가 사랑받고 있다고 느낄

상대가 사랑받고 있다고 느낄

● 세로 모음의 길이를 잘 맞춥니다. 자음과 모음, 특히 받침이 있는 글자의 세로획이 서로의 자리를 침범하지 않도록 합니다.

때까지 사랑하라 - 보스코

때까지 사랑하라 - 보스코

● 스스로를 사랑한다면 절대로

스스로를 사랑한다면 절대로

외로움을 느낄 수 없다 - 다이어

외로움을 느낄 수 없다 - 다이어

day 24

필사 연습 – 김소월의 진달래꽃

베껴 쓰는 일, 즉 필사는 문장이 가슴에 스미는 시간이기도 합니다. 천천히 따라 쓰며 글자 하나하나를 느껴봅니다. 정자체를 약간 기울여 쓰는 등 변화를 줘도 좋습니다.

진달래꽃

나 보기가 역겨워
가실 때에는
말없이 고이 보내 드리오리다

영변에 약산
진달래꽃
아름 따다 가실 길에 뿌리오리다

가시는 걸음걸음
놓인 그 꽃을
사뿐히 즈려밟고 가시옵소서

나 보기가 역겨워
가실 때에는
죽어도 아니 눈물 흘리오리다

필사 연습 – 윤동주의 서시

序詩

죽는 날까지 하늘을 우러러
한점 부끄럼이 없기를,
잎새에 이는 바람에도
나는 괴로워했다.
별을 노래하는 마음으로
모든 죽어가는 것을 사랑해야지.
그리고 나한테 주어진 길을
걸어가야겠다.

오늘밤에도 별이 바람에 스치운다.

day 25

반흘림체와 아라비아숫자 연습

한 걸음이 모든 여행의

한 걸음이 모든 여행의

시작이고 한 단어가 모든

시작이고 한 단어가 모든

기도의 시작이다 - 작자미상

기도의 시작이다 - 작자미상

● 흘림체는 어디까지나 정자체의 변형입니다만, 획을 끊지 않고 유연하게 이어서 쓰는 리듬감이 특징입니다.

오래 가는 고통은 참을 만하고,

오래 가는 고통은 참을 만하고,

강한 고통은 오래 끌지 않음을

강한 고통은 오래 끌지 않음을

기억하라 - 에피쿠로스

기억하라 - 에피쿠로스

- 흘림체라 하더라도 지나치게 가독성이 떨어지면 안 됩니다. ㄴ, ㄹ, ㅁ, ㅂ 등의 받침은 별도로 연습해 손에 익숙해지도록 합니다.

날고 싶은 충동을 느끼는

사람은 절대로 기는 것에 만족

하지 않는다 - 헬런 켈러

- 숫자는 한글 글씨보다 조금 작게, 살짝 경사지게 쓰는 게 좋습니다.
- 아래 선에 맞춰 깔끔한 곡선에 유의하며 천천히 씁니다.

1 2 3 4 5 6 7 8 9 0

day 26

자주 쓰는 한자 연습

한자를 잘 쓰는 요령은 한글 펜글씨 정자체를 쓰는 요령과 크게 다르지 않습니다. 애당초 서예의 필법은 한자에서 비롯되었으므로 서로 통하는 것입니다.

서예 필법의 기본으로서 영자팔법永字八法이라는 게 있습니다. '永'이라는 한 글자에 담긴 여덟 가지 필법을 익히자는 것인데, 서도書道를 추구하지 않는 이상은 획의 멈춤과 삐침, 선 두께의 변화를 통한 리듬감을 이해하는 것으로 충분합니다.

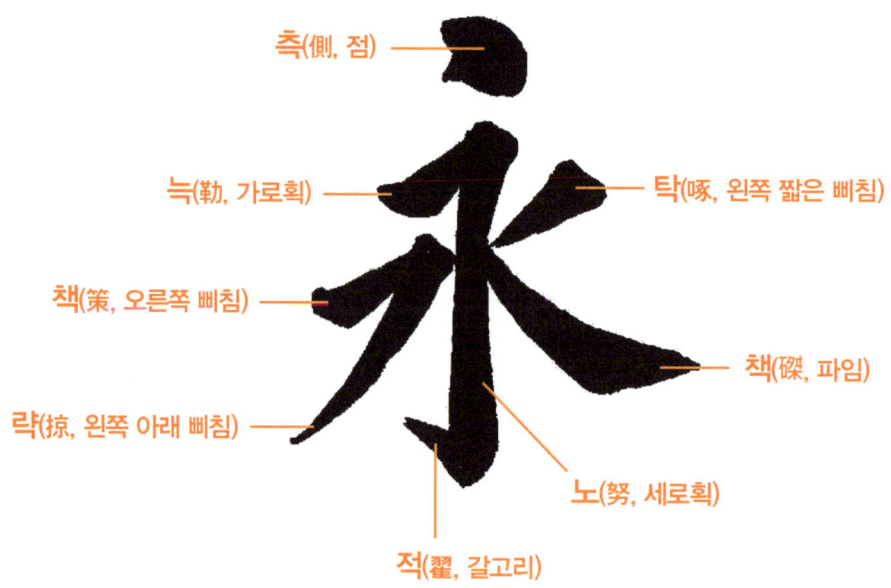

● 전체적인 글자 모양을 중시하며 멈춤과 삐침에 유의해 리듬을 살려서 씁니다.

月	火	水	木	金	土	日
月	火	水	木	金	土	日
月	火	水	木	金	土	日

甲	乙	丙	丁	戊	己	庚
甲	乙	丙	丁	戊	己	庚
甲	乙	丙	丁	戊	己	庚

● 한자는 다음 획과의 연결을 의식하며, 선 느낌이 경쾌해지도록 씁니다.

辛	壬	癸	子	丑	寅	卯
辛	壬	癸	子	丑	寅	卯
辛	壬	癸	子	丑	寅	卯

辰	巳	午	未	申	酉	戌
辰	巳	午	未	申	酉	戌
辰	巳	午	未	申	酉	戌

● 三, 月에서처럼 획 사이의 공간 비율을 잘 맞춰야 보기에 좋습니다.

亥	仁	者	無	敵	事	必
亥	仁	者	無	敵	事	必
亥	仁	者	無	敵	事	必

歸	正	溫	故	知	新	
歸	正	溫	故	知	新	
歸	正	溫	故	知	新	

포스트잇, 축의금 봉투 등에 직접 글씨를 써보는 연습입니다.
손으로 쓰는 글씨에는 마음을 담을 수 있습니다.
그 글씨를 주위의 누군가에게 전해보기 바랍니다.

part 4
바로 써먹는 실전 글씨 연습

day 27

마음을 전하는 손글씨 쓰기

손으로 적은 편지와 이메일, 장미꽃 다발에 손글씨 카드가 있고 없고는 결코 같을 수 없습니다. 왜일까요? 손글씨에는 마음이 담겨 있기 때문입니다.

굳이 편지가 아니더라도 손글씨의 힘이 드러나는 일상의 순간들이 적지 않습니다. 부모님께 용돈을 드릴 때 감사의 말 한마디를 겉봉투에 적는다든가, 책을 선물하면서 면지에 안부나 덕담을 적는 일, 포스트잇에 적어 건넨 속마음 한 구절, 방명록 등이 그렇지요.

여기서는 일상에서 이따금 접하게 되는 손글씨를 연습합니다. 연습만으로 그치지 말고, 마음을 담은 글씨를 누군가에게 전해보면 어떨까요?

손글씨 메시지는 중성펜 0.7mm나 0.5mm, 만년필, 플러스펜 등을 권장합니다. 어떤 종이에 어떤 펜 글씨가 가장 보기에 좋은지 비교해보기 바랍니다.

축하 카드 쓰기

TO 철수
스물두 번째 생일 축하해!
늘 건강하고,
바라는 일 모두 이루길 바랄게~
　　　　　　　　　　from 영희

TO 철수
스물두 번째 생일 축하해!
늘 건강하고,
바라는 일 모두 이루길 바랄게~
　　　　　　　　　　from 영희

이번에는
자신의 이름을
넣어서
써보세요!

팀장님

결혼 축하드려요!
검은 머리가 파뿌리
되고 나서도
내내 행복하세요^^

태양이 돈다고
의심해도 좋다.
하지만
나의 사랑만은
의심하지 마라.

- 셰익스피어

봉투 메시지 쓰기

세로쓰기를 할 때는 세로 문장의 중심선을 잘 맞춰야 합니다. 연필로 보조선 두 개를 양쪽에 그으면 더욱 멋지게 쓸 수도 있습니다. 쓴 다음에 지우고요.

실전 글씨 쓰기 연습 1

☎ 전화 메모

발신인 : 신라산업 김춘추 부장
일　시 : 3. 24일 15시
T E L : 02-676-0000
메　모 : 계약 건 문의로 전화 요망

작성자 : 기획팀 김유신

☎ 전화 메모

발신인 :
일　시 :
T E L :
메　모 :

작성자 :

☎ 전화 메모

방명록 쓰기

잊지 않겠습니다.
이제는 우리가 함께하겠습니다.
　　　　　　2025. 3. 10 홍길동

잊지 않겠습니다.
이제는 우리가 함께하겠습니다.
　　　　　　2025. 3. 10 홍길동

주소, 새해 메시지 쓰기

서울시 종로구 세종대로 지하 175
광화문광장 세종이야기

丙午年 새해에는 건강하시고
대박나시길 바랍니다.
2026. 1. 10 홍길동

day 29

실전 글씨 쓰기 연습 2

포스트잇에 쓰기

포스트잇에 쓸 때는 각자의 취향에 맞는 색, 중성펜 5mm 전후가 좋습니다. 친근한 느낌의 서체로 쓰는 게 포인트입니다.

다이어리 쓰기

다이어리처럼 작은 글씨를 쓸 때는 중성펜 0.3~0.5mm, 유성볼펜 0.7mm 이하의 다양한 색깔 펜이 좋습니다.

다이어리의 흐린 글씨를 따라 써보고, 빈칸에 연습합니다.

9 September

	수	목	금	토	일
		1	2 13:00 유진 점심	3	4 영희와 영화보기
	7 보고서 제출마감	8	9	10 19:00 연극보기	11
	14	15 급여일	16	17 카드결제	18
	21	22	23 소개팅	24	25
	28 아빠생일	29 송별회	30		

지방 쓰기

아래 지방 紙榜은 벼슬을 하지 않은 조부모인 경우입니다. 남성을 왼쪽에 씁니다.

顯祖妣孺人金海金氏神位

顯祖考學生府君神位

day 30

필의,
마음을 담은 글씨 쓰기

누군가의 글씨를 보며 글씨체가 참 다정하다, 힘차다, 결연하다 같은 느낌을 받은 적이 있을 것입니다. 바로 획 하나하나에 필의^{筆意}가 담겨 있기 때문입니다.

이는 캘리그라피와는 또 다른 개념입니다. 글씨 본연의 의사 전달 목적에 충실하면서도 글쓴이의 마음을 담은 것이 필의이지요. 필의가 담긴 글씨에는 시선을 끄는 힘과 격조가 있습니다.

손으로 쓴 글씨는 정보 전달 그 이상의 의미를 가집니다. 글씨는 내 마음의 거울이기도 하지요. 지난 삼십 일 동안 바른 글씨의 기본기를 다졌다면, 이제는 글씨에 마음을 실어서도 써볼 차례입니다.

다음의 두 편을 '마음을 담아' 써보는 것으로 〈30일간의 글씨 연습〉을 마칩니다.

만약 당신이 나를 길들인다면

우리는 서로를 필요로 하는 사이가 돼요.

당신은 나에게 이 세상에 하나밖에 없는 존재가 되고,

나 역시 당신에게 이 세상에 둘도 없는 친구가 될 거예요.

당신이 오후 네 시에 온다면 난 세 시부터 마음이 들뜰 거예요.

— ⟨어린 왕자⟩ 중에서

님의 침묵(부분)

한용운

님은 갔습니다.

아아, 사랑하는 나의 님은 갔습니다.

푸른 산빛을 깨치고 단풍나무 숲을 향하여 난

작은 길을 걸어서 차마 떨치고 갔습니다.

황금의 꽃같이 굳고 빛나던 옛 맹세는

차디찬 티끌이 되어 한숨의 미풍에 날아갔습니다.

날카로운 첫 키스의 추억은

나의 운명의 지침을 돌려놓고, 뒷걸음쳐서 사라졌습니다.

나는 향기로운 님의 말소리에 귀먹고

꽃다운 님의 얼굴에 눈멀었습니다.

사랑도 사람의 일이라 만날 때에

미리 떠날것을 염려하고 경계하지 아니한 것은 아니지만,

이별은 뜻밖의 일이 되고 놀란 가슴은 새로운 슬픔에 터집니다.

내게 어울리는 글씨 찾기

글씨는 세상 사람들 얼굴만큼이나 서로 다릅니다. 그래서 본인 서명이 도장처럼 사용되기도 하고, 필체를 보고 성격을 진단하는 일도 있지요.

다른 누가 아닌 나이듯이 한번쯤 내게 어울리고 내가 좋아하는 서체를 떠올려보면 어떨까요? 앞에서 익힌 정자체, 경사체, 흘림체, 펜글씨 정자체 등을 바탕으로 획에 약간의 개성을 덧붙이면 됩니다. 인터넷에서 마음에 드는 서체를 찾아 꾸준히 연습해도 좋고요.

다음 문장을 다양한 글씨로 써보며 '내 평생의 선물'을 찾아보세요!

나는 행복한 사람
내게는 어떤 글씨가 어울릴까?

나는 행복한 사람
내게는 어떤 글씨가 어울릴까?

나는 행복한 사람
내게는 어떤 글씨가 어울릴까?

나는 행복한 사람
내게는 어떤 글씨가 어울릴까?

나는 행복한 사람
내게는 어떤 글씨가 어울릴까?

나는 행복한 사람
내게는 어떤 글씨가 어울릴까?

이제 내가 닮고 싶은 글꼴로 다시 써봅니다. 특정 자음이나 모음, 획을 삐치는 법 등에 개성을 실어도 좋습니다. 바로 나만의 글씨이니까요!

좋은날들의 좋은 책을 소개합니다!

속독 챔피언이 알려주는 1일 10분 속독법
당신도 지금보다 10배 빨리 책을 읽는다

쓰노다 가즈마사 지음 | 국판 224쪽 | 13,800원

책 한 권을 15분 만에 읽고, 더욱이 책을 빨리 읽는다고 내용 이해도가 떨어지지도 않는다. 글자를 '읽으며 이해'하지 않고 덩어리로 '보며 이해'하는 게 속독의 핵심이다. 하루에 10분씩 연습하면 누구나 속독법을 익힐 수 있으며, 속독 원리를 이해만 해도 책 읽기가 2배 이상 빨라진다!

결국 해내는 사람들의 42가지 다짐
각오를 단련하는 법

이수영 지음 | 크라운판 208쪽 | 17,000원

큰 결과를 내기 위해서는 크나큰 결심, 즉 각오가 필요하다. 각오를 다짐하면서 우리 몸과 마음의 태도가 달라지고 꾸준한 실천으로도 이어진다. 당신의 꿈이 아직 꿈이라면 충분히 각오하지 않았기 때문일지도 모른다. 각오를 단련해 목표를 이뤄주는 42일간의 필사 수업!

지금 바로 실행하는 사람이 모든 걸 얻는다!
자기계발 불변의 법칙

김현두 지음 | 국판 264쪽 | 17,000원

자기계발은 내가 원하는 삶과 닮아가는 과정이다. 꼭 이루고 싶은 목표가 있고, 꾸준히 노력하는데도 달라지는 게 없다면 김현두 코치의 조언들은 당신의 삶을 뿌리째 바꿔주기에 충분하다. 삶의 마인드셋부터 계획 세우기, 미친 실행력까지 압도적인 성장에 꼭 필요한 것들!

맨몸운동부터 웨이트트레이닝,
식사까지 몸 만들 때 알아야 할 모든 것들

근육운동 100가지 기본

정봉길 지음 | 사륙배판 224쪽 | 22,000원

내추럴 보디빌더, 길브로 정봉길 선수가 알려주는 최고의 몸짱 가이드! 근력운동 기초 이론부터 맨몸운동, 7대 운동을 비롯한 웨이트 트레이닝, 머신 트레이닝, 몸을 만드는 식사법에 이르기까지 근육 운동에서 가장 기본이 되는 100가지 지침을 이 한 권에 모두 담았다.

수학은 어떻게 생각의 무기가 되는가

수학의 진짜 재미

이창후 지음 | 국판 256쪽 | 16,800원

수학은 최고의 사고력을 보여주는 학문이다. 좋은 생각의 방법이 수학에 있다. 하지만 우리는 문제풀이에 매달릴 뿐, 수학적 원리와 그 쓸모는 모르고 있었다. 이 책은 수학적 사고라는 게 무엇인지, 그 안에 어떤 재미와 효능이 숨어있는지를 2,500년 수학사를 넘나들며 들려준다.

서양 역사 5천년에 대한 이해가 달라진다!

단숨에 정리되는 세계사 이야기

정헌경 지음 | 신국판 296쪽 | 12,800원

서양 역사 5천년이 단숨에 읽히고, 그 오랜 역사의 실타래가 어떻게 얽혀 있는지를 명쾌하게 정리했다. 이 책은 서양 최초의 문명에서부터 고대, 중세, 근현대 역사의 흐름과 그 이면의 이야기를 서양 중심적 시각에서 벗어난 우리의 관점에서 생생하게 되살렸다.

본문의 견본 글씨를 써주신 네이버 카페 '샤프연구소' 염동일 님(sharp4004)님께 고마운 마음을 전합니다.

악필 교정, 누구나 글씨를 잘 쓸 수 있다!
30일간의 글씨 연습

초판 1쇄 발행일 | 2016년 6월 15일
초판 23쇄 발행일 | 2025년 12월 1일

지은이 | 이해수
펴낸이 | 이우희
디자인 | 우진(宇珍)
일러스트 | 정일문
펴낸곳 | 도서출판 좋은날들

출판등록 | 제2011-000196호
등록일자 | 2010년 9월 9일
일원화공급처 | (주) 북새통
(03938) 서울시 마포구 월드컵로36길 18 902호
전화 | 02-338-0117 · 팩스 | 02-338-7160
이메일 | igooddays@naver.com

copyright ⓒ 이해수, 2016
ISBN 978-89-98625-27-6 13640

* 잘못 만들어진 책은 서점에서 바꾸어드립니다.
* 네이버에서 무료 배포하는 나눔손글씨 펜 서체를 일부 사용했습니다.(119, 125p)